UNE FIGURE DU QUATRIÈME SIÈCLE

# ÉTUDE

SUR

# S. HILAIRE DE POITIERS

DOCTEUR DE L'ÉGLISE

## Par l'abbé P. G. DEYDOU

Professeur de Rhétorique au Petit-Séminaire de Bordeaux

DISCOURS PRONONCÉ A LA DISTRIBUTION DES PRIX

LE 12 AOUT 1868



BORDEAUX

IMPRIMERIE DE LA GUIENNE

(Brevet V. Dupuy)

20, RUE GOUVION

1868

# ÉTUDE

SUR

# SAINT HILAIRE DE POITIERS

DOCTEUR DE L'ÉGLISE

ÉMINENCE,

MESSIEURS.

Il y aurait un travail à faire sur les siècles méconnus. Il en est quatre au plus, dans les annales du monde, qui sont cités comme exceptionnellement glorieux : ce sont, pour les temps anciens, les siècles de Périclès et d'Auguste, et pour les temps modernes, le siècle de Léon X et celui de Louis-le-Grand.

Sans nier l'incontestable supériorité de ces quatre époques si justement vantées, un chrétien ne saurait passer condamnation sur tout le reste, et souffrir qu'on méconnaisse la salutaire influence de l'Église sur les esprits et sur les cœurs

Il y a cent ans, Voltaire jetant sur l'histoire de l'humanité un regard distrait et prévenu, n'y voyait qu'une suite de folies, devenues plus particulièrement absurdes et odieuses depuis l'apparition d'un monstre qu'il appelait le fanatisme. Gibbon, avec plus de science et non moins de haine, attribuait au christianisme la décadence et la chûte de l'Empire romain ; et les mêmes préjugés dictaient naguère à un de nos libres-penseurs ces étranges paroles :

« Quels plus tristes temps que ceux des Pères de l'Église !
» Du moment où le christianisme commence à compter,
» tout se précipite par une décadence rapide, incessante,
» irréparable... L'Empire byzantin dans l'Orient, l'invasion
» des Barbares dans l'Occident, ce sont les deux termes où
» vient aboutir la révolution chrétienne. » (1)

Il faut plaindre, Messieurs, ceux qui voient ainsi les
choses ; et si, voyant différemment, ils parlent de la sorte,
il faut les plaindre plus encore.

Pour nous, Messieurs, nous n'admettons pas cette appré-
ciation, et nous protestons contre cette sentence qui s'ap-
puie sur un sophisme.

Embrasser dans une courte esquisse tout ce quatrième
siècle, si fécond en grands évènements, en grands carac-
tères et en beaux génies, comment l'oserions-nous, après
que des maîtres en ont, ou composé un tableau exquis (2),
ou retracé magistralement la dramatique histoire (3).
Bossuet seul a le secret de ces abbréviations qui disent
tout, sans rien laisser dans l'ombre. (4)

Nous aimons mieux prendre une figure de cette époque,
l'étudier avec une pieuse curiosité, et rattacher au récit
d'une belle vie nos humbles remarques sur *les choses*, *les
hommes* et *les écrits* du temps. Le personnage que nous
allons évoquer porte un nom cher à notre Aquitaine, c'est
le grand saint Hilaire, évêque de Poitiers.

ÉMINENCE,

Il nous est impossible de tourner nos regards vers une
des illustrations de votre province, sans voir apparaître

(1) M. Havet, *Revue contemporaine*, mars 1868.
(2) M. Villemain, *Tableau de l'Eloquence chrétienne au IV<sup>e</sup> siècle*.
(3) M. A. de Broglie, *L'Eglise et l'Empire romain au IV<sup>e</sup> siècle*.
(4) Bossuet, Discours sur l'histoire universelle, II<sup>e</sup> époque, *Constantin, ou la Paix de l'Eglise*.

auprès de la sienne votre image bien-aimée. La vieille renommée de l'*Athanase des Gaules* vous a dû comme un renouvellement de jeunesse. A votre sollicitation, Rome a placé saint Hilaire au nombre des *Docteurs* de l'Église (1), et, il y a quelques mois, Poitiers vous a vu dans la basilique mutilée par les Iconoclastes de la Réforme, célébrer avec pompe le quinzième centenaire de son plus illustre pontife (2). Redire une gloire qui se mêle à la vôtre, c'est faire acte de piété filiale, et c'est pourquoi nous espérons, et votre paternelle indulgence, et celle d'un auditoire toujours si bienveillant.

I.

Le grand fait, le fait unique et solennel dont l'accomplissement et les conséquences remplissent le quatrième siècle, c'est le triomphe du christianisme sur le monde civilisé.

Quand, sous le ciel des Gaules, le fils d'Hélène et de Constance Chlore aperçut dans les airs une croix lumineuse avec cette inscription : « *Par ce signe sois vainqueur !* » l'enfer dut frémir d'épouvante. Le jeune prince favorisé de cette vision, prenait acte de la promesse.

A quelques jours de là, Constantin se présentait avec confiance devant les murs de Rome ; l'aigle accoutumée à regarder le soleil en face, baissait la paupière à l'aspect du Labarum ; Maxence trouvait la mort dans la déroute de son armée, et le vainqueur, marquant de l'œil auprès du Colisée, la place où s'élèverait son arc-de-triomphe, se rendait au palais impérial sans monter au Capitole. Comme

(1) Concile provincial de Bordeaux, 1850.
(2) Concile provincial de Poitiers, fête du 14 janvier 1868.

l'a dit Châteaubriand : « *le temps et le genre humain avaient fait un pas.* » (1)

Quand les sociétés font ainsi un pas en avant, il n'est pas facile de discerner quelles raisons décident à la fois tant d'individus qui les composent. Action surnaturelle, vues basses d'intérêts terrestres, enthousiasme irréfléchi, convictions mûrement et librement formées; toutes ces causes concourent à la transformation qui s'opère.

La grâce et le raisonnement firent du païen Hilaire un chrétien.

Lui-même a raconté en tête de son grand Traité théologique, par quelle voie il atteignit la vérité. Il était du petit nombre de ces âmes droites, *naturellement chrétiennes*, en qui l'inclination à bien faire est favorisée par un irrésistible désir de connaître le vrai (2). Comme tous les esprits élevés du paganisme, il était préoccupé de deux problèmes que la philosophie n'osait pas résoudre : l'existence d'un Dieu unique, et l'immortalité de l'âme (3). Consultant tour-à-tour sa raison et les enseignements des sages, il mit la main un jour sur les Livres sacrés des Juifs et des Chrétiens.

Les premiers lui donnèrent la définition du vrai Dieu : *Je suis celui qui suis;* les seconds, l'explication de ses pressentiments de vie future et de bonheur sans fin, par ces mots de saint Jean : *Le Verbe s'est fait chair, et .... il est mort pour nous.*

C'est ainsi, Messieurs, qu'une âme de bonne foi trouve ce qu'elle cherche ; la sagesse n'est pas capricieuse comme la fortune ; non-seulement elle se laisse saisir, mais elle accourt à la rencontre de celui qui entreprend de la poursuivre, et elle se montre à lui le visage riant : *In viis osten-*

(1) *Etudes historiques,* 1er discours, 2e partie.
(2) De Trinit. 1. I. no 3.
(3) Ibid. nos 4-9.

*dit se illis hilariter, et in omni providentiâ occurrit illis* (1).

A Constantin, soldat, peu accoutumé aux investigations théoriques, Dieu avait répondu par une apparition et par un songe ; au Gallo-Romain spéculatif il répondait par une révélation doctrinale, et le spéculatif était changé comme le soldat, le simple particulier comme le futur maître du monde.

Le christianisme devait signaler son triomphe par la réforme des lois, réforme timide et lente parce qu'elle accompagne la réforme des mœurs. Les mœurs individuelles, domestiques et sociales, pendant le cours du quatrième siècle, s'adoucirent et se purifièrent graduellement, et chez ceux dont les mœurs étaient déjà pures, l'influence chrétienne se marqua par une tendance puissante à la pratique des conseils évangéliques. En Orient, la contemplation et la solitude ; en Occident, la vie commune et les œuvres du zèle: partout d'ailleurs, la continence et la pauvreté volontaires, c'est la part que choisirent les âmes d'élite dont le christianisme s'empara.

Pendant que Paul et Antoine fuyaient au désert, Hilaire donnait à la noble cité de Poitiers, sa patrie, le spectacle d'une vie angélique. D'un commun consentement, son épouse et lui s'étaient séparés l'un de l'autre, pour se consacrer au Seigneur, et leur jeune fille, Abra, grandissait dévouée au même service. Plus tard, n'oubliant pas au milieu des sollicitudes les plus cruelles les êtres chéris qu'il avait quittés pour Dieu, Hilaire écrivait d'Asie à sa fille : « qu'il avait rencontré pour elle un illustre parti, un époux incomparable qui réservait à son épouse une perle sans prix et un vêtement immortel ; » l'enfant, éprise de

(1) Sap. VI-18.

ce fiancé idéal, élevait instinctivement ses yeux et son cœur vers le ciel, et son père, par ses prières, lui en ouvrait prématurément l'entrée (1).

Le peuple de Poitiers cependant, plein d'admiration pour un homme qui, dans l'état laïque, donnait l'exemple de toutes les vertus sacerdotales, demanda Hilaire pour évêque.

Vous savez, Messieurs, que cette intervention du peuple dans les élections épiscopales était parfois décisive, et mettait fin à de longues hésitations ou à des intrigues dont il souffrait. La Providence usa de ce moyen pour donner à son Eglise des pasteurs tels qu'Athanase, Hilaire, Ambroise ; c'était le suffrage universel dirigé par l'Esprit saint. Quoi d'étonnant qu'il eût d'aussi heureux effets !

La lumière fut donc placée sur le chandelier, et devint un phare véritable ; et, comme à l'autre extrémité de l'Empire, brillait la grande lumière d'Alexandrie, l'univers chrétien fut éclairé comme par deux soleils. Qu'on nous montre dans l'antiquité profane deux maîtres faisant rayonner sur le monde, ou seulement sur leur patrie entière, l'éclat d'un enseignement dogmatique et moral aussi sûr qu'élevé : qu'on nous montre surtout dans les mœurs des peuples, ou même dans la vie de quelques disciples choisis, les résultats de la morale pythagoricienne, socratique ou stoïcienne, et nous déciderons après si le christianisme fut un progrès ou une déchéance, et nous pourrons comprendre où nous feraient descendre certaines doctrines aujourd'hui applaudies, et qu'auraient repoussées avec dégoût et Socrate et Platon.

Le christianisme enfin signala son triomphe par une mé-

_______

(1) Epist. ad Abram. — On a contesté l'authenticité de cette lettre ; mais Fortunat, dans sa *Vie de saint Hilaire*, assure que de son temps l'Eglise de Poitiers la possédait et la conservait comme une relique.

morable assemblée, par le premier de ces conciles œcuméniques dont la célébration est une date impérissable, dont la chaine va se renouer sous un pontife qui eut tous les bonheurs et toutes les gloires, y compris celle du malheur.

Depuis Auguste qu'était le sénat romain, et quelles questions étaient soumises par des tyrans infâmes aux descendants de ceux que Cinéas avait pris pour des rois ? Tacite et Juvéval l'ont dit avec leur style de feu, et il n'est pas besoin que nous rappelions cet abaissement d'une institution d'abord si vénérable. A Nicée, on vit un sénat, non pas de rois, mais de confesseurs de Jésus-Christ, portant sur leurs corps mutilés les cicatrices de leurs blessures. Il ne s'agissait pas pour eux du turbot de Domitien, ou de l'adoption d'une divinité nouvelle représentée par la pierre noire d'Héliogabale, ou de l'apothéose d'un monstre, d'un fou, d'un parricide couronné. Les Pères conscrits de l'Eglise universelle s'assemblaient pour examiner et décider solennellement la question déjà résolue de l'unité de Dieu.

Ce Verbe qu'adorait le vainqueur de Maxence, était-il réellement un Dieu, ou plutôt *le Dieu* unique, infini, éternel ; ou n'était-il qu'une créature supérieure aux autres, une sorte de demi-Dieu, l'Hercule plus pur d'un Jupiter plus éthéré ? Le polythéisme se cachait sous l'arianisme, prêt à reparaître si l'hérésie avait la victoire. Quelle fut la part d'Hilaire dans cette grande lutte qui mit aux prises les hommes du quatrième siècle et manifesta ceux qui étaient grands ?

## II.

« Il faut qu'il y ait des hérésies, a dit l'apôtre Saint-Paul. » (1). C'est une des conséquences nécessaires de l'inquiétude et de l'indocilité de l'esprit humain.

Les écoles des anciens sages, après la mort du chef qui les mettait en renom, se fractionnaient à l'infini, et chaque fraction se vantait d'avoir retenu les principes du maître, et d'en tirer les conséquences les plus certaines.

Le Maître des maîtres a laissé après lui une institution chargée de garder et d'interpréter sa parole ; mais il a permis que cette parole suscitât des contradicteurs, et qu'en face de l'autorité investie par lui-même du droit de fixer la croyance, on vit surgir la révolte de l'interprétation arbitraire et du libre examen. S'en étonner, c'est ne pas connaître l'homme, c'est ne pas tenir compte de cette « *intempérance de l'esprit, non moins flatteuse*, dit Bossuet, « *que l'intempérance des sens ; comme l'autre se faisant des* « *plaisirs cachés, et s'irritant par la défense.* » (2).

Il faut qu'il y ait des hérésies, comme *il est nécessaire qu'il arrive des scandales* (3), parce que nous sommes libres, et que notre liberté serait illusoire si le pouvoir d'obéir n'entraînait celui de résister. Seulement, *malheur à l'homme par qui le scandale arrive* (4), ou par qui l'hérésie commence : il porte, avec le poids de son péché, le fardeau de toutes les rébellions qui suivent la sienne.

De plus, Dieu excellant à tirer le bien du mal, fait servir l'hérésie *à la manifestation des âmes* (5). Après cette épreuve, l'Eglise connaît les siens, parce qu'ils sont de-

(1) 1ᵃ ad Cor. XI-19.
(2) Orais. fun. d'Anne de Gonzague.
(3) Matth. XVIII-7.
(4) Ibid.
(5) Oportet hæreses esse, ut et qui probati sunt, manifesti fiant. (1ᵃ ad Cor. XI-17.)

meurés fidèles, vierges de tout contact avec l'erreur, illustrés quelquefois à tout jamais par le témoignage éclatant qu'ils ont rendu à la vérité.

L'arianisme vint à point après les persécutions sanglantes, pour tenir en éveil les pasteurs et le troupeau, pour aiguiser les intelligences et faire naître les docteurs après les martyrs. Et comme les souverains se mêlèrent de bonne heure à la querelle et l'envenimèrent en voulant l'éteindre, l'Eglise apprit à se défier des protections humaines, et à ne compter que sur elle-même et sur Dieu.

Les empereurs, en mettant le pied sur les bords du Bosphore, semblèrent pris de la manie sophistique des grecs dégénérés ; ils oublièrent presque le soin des affaires publiques, pour s'ingérer dans des discussions théologiques, où leur immixtion était aussi ridicule que le pourrait être celle d'un évêque dans l'organisation d'un plan de bataille, ou dans la conduite d'un siège. Constance, en particulier, parut prendre à tâche de se décréditer lui-même, en ajoutant aux titres de guerrier malhabile et d'administrateur médiocre celui de mauvais théologien. Circonvenu par les prélats de cour qui avaient su capter la confiance de son père, il condamna une seconde fois à l'exil le promoteur des résolutions de Nicée, le défenseur invincible de la foi catholique, l'héroïque saint Athanase. Il rendit même complice de cette injustice un concile tout entier, tenu pour ainsi dire dans son palais et sous ses yeux.

A cette nouvelle, Hilaire comprit qu'à certaines heures un évêque n'appartient plus seulement à son diocèse, qu'il est l'homme de l'Eglise universelle. Il provoque des réunions de tous les évêque des Gaules où les prévaricateurs sont flétris et déposés, et l'empereur reçoit une lettre pleine d'énergie où, sous les formes du respect le plus profond, il pouvait lire la vérité (1). Constance inaugurait

(1) Ad Const. imper.

cette suite de despotes orientaux qui ne comprirent d'autre attitude chez leurs sujets que celle de l'adoration, ni d'autre langage que celui de la soumisssion servile. Un ordre d'exil répondit à la courageuse épître d'Hilaire.

Dieu avait ses desseins en transférant presque simultanément d'un bout de l'empire à l'autre les deux grandes lumières de son Eglise. Athanase était venu révéler à l'Occident les merveilles de la Thébaïde et les vertus de l'ordre monastique, et ses récits avaient ouvert aux âmes contemplatives l'horizon qu'elles rêvaient. Hilaire allait payer à l'Orient cette dette en lui faisant connaître les mérites de nos Eglises naissantes, et en prenant dans les assemblées religieuses la place qu'Athanase y laissait vide.

Et l'on vit tout d'abord à l'œuvre ce génie ferme et doux (1), cet esprit de conciliation et de sagesse pratique, dont la Providence a fait le partage spécial des hommes de race latine. Il n'en coûta pas à l'évêque de Poitiers de se compromettre, par sa condescendance envers les ariens, aux yeux de quelques amis vertueux, mais outrés. Lui, si attentif autrefois à éviter même la rencontre des hérétiques, il communiquait avec eux, il priait dans leurs temples ; il pensait avoir fait ses preuves de façon à n'être pas suspect. — Constance, pour mettre un terme aux divisions religieuses, avait convoqué deux conciles, l'un à Rimini, pour les occidentaux, l'autre à Séleucie, pour les orientaux. La présence d'Hilaire eût été nécessaire sur les deux champs de bataille. Il triomphait du moins sur le second, déjà les semi-ariens gagnés par sa modération, épouvantés du reste par les tendances de plus en plus accusées de leurs chefs, étaient sur le point de se réfugier dans le sein de l'orthodoxie. Le mot seul de *consubstantiel* les effrayait, et Hilaire, souriant de ces frayeurs mal

(1) Naturâ lenis et placidus vir (Rufin, parlant de S. Hilaire.)

fondées, s'apprêtait à leur démontrer qu'une fois d'accord sur le fond des choses, il n'y a pas lieu de se diviser pour le terme qui les exprime.

Mais voilà qu'une douloureuse nouvelle vient détruire tout le fruit de ses efforts. Les pères de Rimini, en proie à toutes sortes de tortures physiques et morales, trompés par des protestations menteuses, avaient signé une formule de foi, non pas erronée, mais incomplète. Quelques-uns seulement, dominés par l'autorité d'un suffragant de Bordeaux, saint Phébade d'Agen, ne s'étaient pas laissé prendre à l'artifice ; les signataires eux-mêmes du formulaire avaient bientôt compris que l'omission était calculée, car on la faisait passer pour un désaveu de la définition de Nicée, et selon la fameuse parole de saint Jérôme : *l'univers gémissait et s'étonnait de se trouver arien* (1). Ainsi procédait la politique tortueuse de Constance.

Messieurs, rien n'irrite une âme droite et simple comme l'hypocrisie et l'astuce. Notre Seigneur éclatait contre les Pharisiens, lorsqu'il les voyait feindre le zèle pour la loi de Dieu, tout en refusant de se rendre aux miracles du législateur, et Hilaire, indigné de trouver un persécuteur des saints dans celui qui s'intitulait leur défenseur, ne put se contenir. Il adressa une nouvelle épître à Constance: mais cette fois, il le traitait en ennemi. Il regrettait les « Néron et les Dèce, qui, s'ils haïssaient les chrétiens, ne se couvraient pas d'un masque ; » il disait, dans un langage empreint d'une amère ironie, toutes les mesures prises contre le patriarche d'Alexandrie, « changements de pré-
» fets, choix de généraux, mouvements de légions, com-
» bats plus fréquemment livrés aux habitants d'une cité de
» l'Empire qu'aux Perses, qui en franchissaient les fron-
» tières : les villes épiscopales privées de leurs pasteurs,

(1) Dial. adv. Lucif. 19.

» le pape envoyé en exil, les clercs bâtonnés, les diacres
» assommés avec des masses de plomb, le corps de Jésus-
» Christ outragé. » (1)

Constance eut peur quand il entendit si près de son trône cette voix accusatrice, et Hilaire fut renvoyé dans son diocèse. L'Italie et la Gaule se pressèrent sur son passage, affamées de voir un héros. Tout rappelait les merveilles de son exil. Les manuscrits qu'il portait sous son bras redisaient ses luttes contre la puissance et contre l'hérésie, le bâton qui soutenait ses pas avait chassé les serpents d'une île de la Méditerranée, et il revenait suivi d'un ancien soldat, depuis longtemps son disciple, qui devait détruire dans notre patrie les derniers restes du paganisme, et fonder non loin de Poitiers le premier monastère des Gaules (2), le grand saint Martin de Tours.

Hilaire n'eut pas à tenir tête à Julien. Le sophiste couronné s'en était allé donner le spectacle de sa grandeur à ces villes d'Asie qui l'avaient vu simple étudiant, défiant et surveillé. C'était sous le ciel d'Orient qu'il essayait de rendre à la vie un culte désormais honteux de lui-même, et des fables que ses explications allégoriques ne parvenaient pas à rendre plus croyables. Ces tentatives insensées n'eurent que peu d'écho dans les Gaules. Toutefois, il paraît d'après un passage de saint Jérôme, que l'évêque de Poitiers répondit sous ce règne à un ouvrage du médecin Dioscore ; le même Père ajoute que cet écrit, aujourd'hui perdu, atteste le talent littéraire de notre saint, d'où nous serions porté à conclure qu'il le publia lors de l'interdiction faite aux chrétiens par l'empereur apostat d'apprendre et enseigner les lettres profanes.

L'histoire ecclésiastique nous montre ensuite Hilaire à Lutèce et en divers autres lieux, s'employant à faire ré-

(1) Liber contrà Const. imper. *passim.*
(2) Ligugé.

tracter la formule de Rimini par ceux qui l'avaient signée.

Nous le voyons en Italie démasquer l'arien Auxence, Egyptien que la faveur de Constance avait substitué sur le trône archiépiscopal de Milan au pasteur légitime, exilé pour la foi. Auxence, signant successivement tous les formulaires, même orthodoxes, cherchait avant tout à se maintenir dans sa chaire usurpée, et n'est pas sans rapport avec Cranmer, tour-à-tour catholique, anglican et sacramentaire, mais avant tout primat de Cantorbéry, sous Henri VIII et sous Edouard. Dans cet intrus, Hilaire et les fidèles voyaient un loup couvert d'une peau de brebis; mais Valentinien abusé jugea différemment, et, alléguant la nécessité de la paix, contraignit Hilaire de repasser les Alpes. Certes, le saint n'aimait pas la guerre, mais comme il le disait avec tristesse : « Il y a la paix du Christ, qui est
» l'unité de l'Eglise et de la foi aux saints Évangiles, et il
» y a la paix de l'antechrist, c'est-à-dire l'entente com-
» mune des impies pour séduire le troupeau du fils de
» Dieu (1). »

Il revint donc à Poitiers, après une campagne manquée, et c'est là, dans le repos de ses dernières années, qu'il reprit et acheva ses commentaires sur les Psaumes et sur saint Matthieu, se délassant de ses travaux par la composition d'hymnes sacrées, et par la transcription de manuscrits des Livres saints. Émule de saint Athanase dans la lutte, modèle comme lui des Basile, des Grégoire de Nazianze, des Chysostome et des Ambroise, qui descendirent dans l'arène un peu après lui, par ses écrits il contribua aussi bien qu'eux, aussi bien que les Jérôme, les Paulin et les Augustin à faire du quatrième siècle l'âge d'or de la littérature chrétienne. Il nous reste à marquer sa place parmi ces beaux génies, et à tirer nos conclusions.

(1) Contrâ Aux. n° 1.

## III

Amené sur la scène et jeté dans la mêlée à une époque
de combat intellectuels, Hilaire est, comme Athanase,
théologien et polémiste. Théologien, il expose avec clarté,
précision et noblesse ; ses douze livres *de la Trinité* sont
un modèle d'exposition dogmatique et de discussion sa-
vante. C'est encore le théologien qui domine dans le *Livre
des Synodes,* qu'on pourrait appeler *l'Histoire des varia-
tions des sectes ariennes.*

Polémiste dans son *Invective contre Constance,* et dans
son écrit *contre Auxence,* il porte à ses adversaires de ru-
des coups ; c'est dans ces quelques pages surtout qu'éclate
le tonnerre de sa parole, âpre et violente comme le vent
d'orage : c'est là que se précipite cette éloquence fou-
gueuse que saint Jérôme a comparée au cours du fleuve le
plus impétueux de la Gaule (1).

Commentateur des saintes Écritures, il est bref et
concis ; on retrouve dans ces productions l'*imperatoria
brevitas* (2), le style du capitaine qui porte dans les con-
versations ordinaires le langage du champ de manœuvres,
et ne dit que le suffisant, au risque d'être un peu sec.

D'autre part, sa lettre allégorique à sa fille, une hymne
qui nous reste de lui, et les tendres effusions qui s'échap-
pent de son cœur dans ses ouvrages théologiques nous dé-
voilent le côté poétique et sensible de sa belle âme.

Théologie et controverse, voilà donc toute la littérature
chrétienne pendant la première moitié du quatrième siècle. La seconde moitié ajoutera à cette gloire celle de ses
incomparables moralistes, qui seront en même temps des
orateurs sans rivaux, littérature d'autant plus admirable

(1) Latinæ eloquentiæ Rhodanus.
(2) Tacite, *La Briéveté impérative.*

qu'elle ne songeait pas à être littéraire, qu'elle était belle et grande, non pas sans le savoir, mais sans y penser. Pas un de ces discours n'a été prononcé, pas une de ces lettres n'a été écrite pour le plaisir de l'orateur ou de l'écrivain, et pour faire briller son talent. De là vient cette supériorité de la littérature des Pères sur celle des rhéteurs et des versificateurs du même temps, vendeurs de strophes et de périodes, promenant de ville en ville leurs muse surannée ou leur faconde vénale, ayant des chants ou des panégyriques pour toute victoire, pour toute mesure administrative de l'empereur, qu'il fût orthodoxe, ou païen, ou arien, grand comme Constantin et Théodose, médiocre comme Constance, ou nul comme Valens.

« Quand on voit, dit un critique dont nous aimons à ci-
» ter les paroles, quand on voit les lettres, pauvres d'ima-
» gination et faibles de raison, commenter de vieux faits,
» reprendre de vieilles disputes, s'obstiner pour des opi-
» nions détruites, c'est que la société est devenue comme
» ces vieillards qui redisent le passé, et n'ont plus ni sen-
» sation, ni mémoire du présent. Heureux, si près de cette
» civilisation qui meurt, il s'élève une autre civilisation
» animée d'un esprit fécond et nouveau ! C'est la métemp-
» sycose d'un empire, et les époques se succèdent alors
» pour lui, comme les générations dans une famille. (1) »

Comment se fait-il donc, Messieurs, que l'empire romain ait péri? Le christianisme n'est-il que pour les individus *une source intarissable de renaissances morales ?* (2) et *les nations ne sont-elles pas guérissables ?* (3) Messieurs, la réponse à cette difficulté est dans l'Apocalypse de saint Jean. Dieu avait sur l'Empire Romain des conseils de vengeance, et sur les peuples barbares des conseils de miséricorde.

(1) M. Villemain, *Tableau de l'Éloquence chrétienne au IV<sup>e</sup> siècle.*
(2) M. Renan, *Vie de Jésus,* préface.
(3) Sap. I-14.

Pour hâter l'accomplissement de ces desseins, il permit que les empereurs s'acharnassent sur *la seule partie vivante de la société romaine !* (1) Cette fureur de dogmatiser qui s'empara d'eux dès qu'ils furent chrétiens, transforma les souverains en tyrans tracassiers, attaquant le peuple dans ses sentiments les plus vivaces, scindant l'unité religieuse, sans se douter qu'ils détachaient de la patrie terrestre les cœurs qui trouvaient dans la religion une autre patrie plus sainte et plus vaste, que les barbares respectaient.

Le christianisme était le remède unique aux maux de la société ancienne aux abois ; la dose qu'elle en prit, suffisante pour prolonger une agonie, ne suffisait pas pour rendre la santé. Ce fut le *vin nouveau,* dont parle l'Evangile, *enfermé dans des outres vieillies, et les faisant éclater* (2). Trop heureux le vieux monde de mourir en état de grâce, et en donnant la vie au monde nouveau dont nous sommes les fils.

(1) M. A. de Broglie, *L'Eglise et l'Empire romain au IVe siècle*
(2) Marc. 11-22. — Luc. V-37.